BEI GRIN MACHT SICH IHR WISSEN BEZAHLT

- Wir veröffentlichen Ihre Hausarbeit,
  Bachelor- und Masterarbeit

- Ihr eigenes eBook und Buch -
  weltweit in allen wichtigen Shops

- Verdienen Sie an jedem Verkauf

Jetzt bei www.GRIN.com hochladen und kostenlos publizieren

Claudia Mayer

Rezension zu: "Das palmyrenische Teilreich" von Udo Hartmann

GRIN Verlag

Bibliografische Information der Deutschen Nationalbibliothek:

Die Deutsche Bibliothek verzeichnet diese Publikation in der Deutschen National-
bibliografie; detaillierte bibliografische Daten sind im Internet über http://dnb.d-
nb.de/ abrufbar.

Impressum:

Copyright © 2008 GRIN Verlag GmbH
Druck und Bindung: Books on Demand GmbH, Norderstedt Germany
ISBN: 978-3-656-23011-3

Dieses Buch bei GRIN:

http://www.grin.com/de/e-book/196884/rezension-zu-das-palmyrenische-teilreich-
von-udo-hartmann

GRIN - Your knowledge has value

Der GRIN Verlag publiziert seit 1998 wissenschaftliche Arbeiten von Studenten, Hochschullehrern und anderen Akademikern als eBook und gedrucktes Buch. Die Verlagswebsite www.grin.com ist die ideale Plattform zur Veröffentlichung von Hausarbeiten, Abschlussarbeiten, wissenschaftlichen Aufsätzen, Dissertationen und Fachbüchern.

Besuchen Sie uns im Internet:

http://www.grin.com/

http://www.facebook.com/grincom

http://www.twitter.com/grin_com

Udo Hartmann
Das palmyrenische Teilreich

Franz Steiner Verlag Stuttgart - Oriens et Occidens
Studien zu antiken Kulturkontakten und ihrem Nachleben
Band 2

.I Inhaltsverzeichnis des Buches

3

II. Zum Autor

Der Autor des Buches "Das palmyrenische Teilreich", Udo Hartmann, wurde 1970 geboren. Seinen Studiengängen Geschichte und Philosophie ging er an der Universität in Leipzig und an der Freien Universität Berlin von 1990-1997 nach. Von 1997 bis 1999 arbeitete er an einer Dissertation zur Geschichte des palmyrenischen Teilreiches; hierbei wurde er durch die Studienstiftung des deutschen Volkes gefördert. Am 18. Mai 2000 beendete er schließlich seine Promotion erfolgreich. 1998 erhielt er einen Lehrauftrag an der Freien Universität Berlin und blieb dort bis 1999. Ebenfalls 1998 begann er mit der Mitarbeit an einem Projekt zur Spätantike bei Professor Alexander Demandt, an dem er bis 2001 mitwirkte. Ab 2001 (bis 2007) war er wissenschaftlicher Assistent am Lehrstuhl für Alte Geschichte an der Humboldt Universität Berlin und gleichzeitig Review-Editor für Alte Geschichte bei H-Soz-u-Kult (Humanities Sozial- und Kulturgeschichte). Seit dem Wintersemester 2007/2008 ist er Vertretung der Assistenz für Alte Geschichte an der Technischen Universität Dresden und seit dem Sommersemester 2008 Lehrkraft an der Christian-Albrechts-Universität zu Kiel für besondere Aufgaben in Alter Geschichte.

Udo Hartmanns Hauptforschungsgebiet ist die Begegnung orientaler und okzidentaler Kulturen im nahöstlichen Raum. Er ist Mitglied der Arbeitsgruppe Orient und Okzident, die eine Schriftenreihe zur Alten Geschichte erstellt, die sich auf antike Kulturkontakte spezialisiert; sie wurde im Jahr 2000 gegründet. Einige Publikationen Hartmanns sind neben dem palmyrenischen Teilreich "Grenzüberschreitungen. Formen des Kontakts zwischen Orient und Okzident im Altertum", "Deleto paene imperio Romano. Transformationsprozesse des Römischen Reiches im 3. Jahrhundert und ihre Rezeption in der Neuzeit" und "Geschlechterdefinitionen und Geschlechtergrenzen in der Antike". Aktuell beschäftigt er sich mit einem Habilitationsprojekt zu den spätantiken Philosophenviten, arbeitet am Projekt "Die Zeit der Soldatenkaiser. Handbuch zur Geschichte der Reichskrise im 3. Jahrhundert" mit und führt Forschungen zu den Beziehungen zwischen dem Römischen Reich und den Parthern bzw. Sasaniden durch. Schließlich arbeitet er an einem Publikationsprojekt in Zusammenarbeit mit Irene Huber zur Rolle von Frauen am Hof der Arsakiden und Sasaniden.

III. Einleitung

Udo Hartmanns Buch "Das palmyrenische Teilreich" ist die überarbeitete Fassung seiner Dissertation, die im Wintersemester 1999/2000 vom Fachbereich Geschichts- und Kulturwissenschaften der Freien Universität Berlin angenommen wurde. Die Dissertation behandelt die Entstehung des Sonderreichs der Dynasten aus der syrischen Oasenstadt Palmyra im Osten des Römischen Reiches zur Zeit der Soldatenkaiserzeit (235-285) und bietet eine umfassende Darstellung der Geschichte des palmyrenischen Teilreichs unter den Dynasten Odaenathus und Zenobia. Ziel des Autors ist es, die historische Rolle des Teilreichs in einer Gesamtschau der Krise des 3. Jahrhunderts auszuwerten. Die Krise, in der sich das Römische Reich zum Zeitpunkt der "Gründung" des palmyrenischen Teilreichs befand, war geprägt durch die veränderte Lage an der Ostgrenze, da die Sasaniden eine aggressive Politik gegen Rom führten. Hinzukamen permanente Einfälle äußerer Feinde an unterschiedlichen Grenzen und die Instabilität der kaiserlichen Regierung. Demzufolge fanden zahlreiche Usurpationen und schnelle Herrscherwechsel statt, in deren Zusammenhang sich eine regionale Herrschaft im Orient herausbildete. Im Jahr 260 wird der Romkaiser Valerianus durch den Sasaniden Shapur gefangengenommen; zur gleichen Zeit entsteht das palmyrenische Teilreich. Dieses palmyrenische Teilreich stellt ein Herrschaftsgebiet eines formal legitimierten Machthabers, der unter Anerkennung der Superiorität des Augustus in Rom kaiserliche Aufgaben in einem Reichsteil als Kaiserstellvertreter im Interesse der Sicherheit des Gebietes unternimmt, dar. Daher findet die Regentschaft formal im Auftrag des Kaisers statt. Das palmyrenische Teilreich präsentiert als Sonderreich die Problemlage und Bedrohung an den Grenzen des Römischen Reiches und insbesondere die Schwäche der Zentrale Rom. Um das Thema umfassend zu bearbeiten, nutzt Udo Hartmann die unterschiedlichsten Quellen und wertet die gesamte Forschungsliteratur aus, um eine Rekonstruktion der Ereignisse zu erstellen.

IV. Aufbau und Inhalt des Buches

Die ersten drei Kapitel des Buches beschäftigen sich mit dem Problem des palmyrenischen Teilreichs, den Überlieferungen antiker Autoren, orientalischer Schriftquellen und Primärquellen sowie mit der Oasenstadt Palmyra. In Kapitel 4 (Der Herrscher von Palmyra) analysiert Udo Hartmann den Aufstieg des Odaenathus zum

Herrn in Palmyra und zum Konsular vor dem Hintergrund der Krise der Oasenstadt. Weiter betrachtet er die Genealogie der Dynastenfamilie. Im fünften Kapitel (Die Machtübernahme des Odaenathus im Orient) untersucht er das krisenhafte Jahr 260, in dem Kaiser Valerianus gefangengenommen wird und Odaenathus die Macht im Orient übernimmt. Kapitel 6 (Der sonnengesandte Löwe) behandelt die Herrschaft des Odaenathus über den Orient, seine Perserzüge, die Annahme des Köingstitels durch den Palmyrener nach dem Sieg über die Sasaniden, den Ausbau seiner Macht und schließlich die Ermordung des Königs. Im darauffolgenden Kapitel (Die Chronologie der Jahre 268-276) werden die chronologischen Probleme der Jahre zwischen 268-276 geklärt. Im achten Kapitel (Die Regentschaft der Zenobia) beschäftigt sich Udo Hartmann mit den Herrschaftsphasen des Königs Vaballathus unter der Regentschaft von Zenobia 267-272, der Festigung und Ausdehnung der Macht über den römischen Orient, die Strukturen des Teilreichs und die Haltung einzelner Gruppen zu den Dynasten. Kapitel 9 (Aurelianus und Zenobia) handelt von der Auseinandersetzung zwischen Aurelianus und Zenobia im Jahr 272, der Annahme des Augustus Titels durch Vaballathus und der militärischen Niederlage der Zenobia. Das zehnte Kapitel (Der zweite Orientzug des Aurelianus) behandelt die Revolten des Jahres 273, einmal die Usurpation des Antiochius in Palmyra und dann die Unruhen in Ägypten. Kapitel 11 (Der restitutor orbis und die besiegte Königin) beinhaltet die Entstehung des Begriffs "restitutor orbis" für Aurelianus sowie die Analyse der Quellen zum Schicksal der Zenobia nach dem Triumphzug des Aurelianus. Im zwölften und letzten Kapitel (Das palmyrenische Teilreich und die Krise des 3. Jahrhunderts) ist eine Interpretation der Geschichte des palmyrenischen Teilreichs im Rahmen der Krise des 3. Jahrhunderts zum Verständnis der Politik der palmyrenischen Dynasten und der Kaiser vor dem Hintergrund der historischen Situation im Orient zu finden. Hier wird noch einmal die Rolle Palmyras im 3. Jahrhundert bei der Sicherung der Ostgrenze, die Entstehung des Teilreichs, der Spezifische Charakter der Teilreichsherrschaft und die Interpretation der allgemeinen Rolle des Teilreichs erläutert. Ferner wird ein Lösungsversuch für die strukturellen Probleme des Reiches durch die Aufteilung der Verantwortung zwischen den Herrschern im Orient und im Westen (u.a. Gallisches Sonderreich) im Rahmen der Institutionen des Imperium Romanum unternommen.

Die antiken Autoren, deren Quellen Udo Hartmann verwendet, sind: Eutropius, Festus, Aurelius Victor, Hieronymus, Eusebius, Johannes von Antiochia, Orosius, Iordanes, Polemius Silvius, Zosimus, Johannes Malalas, Petrus Patricius, Agathias, Georgios Synkellos, Photius und Johannes Zonaras. Die dazugehörigen Quellen sind u.a.: Scriptores Historiae Augustae, Vita Odenati, Vita Zenobiae, Vita Aureliani, Iaterculus, Nea historia und das 13. griechische Orakel. Für die Rekonstruktion der Geschichte des palmyrenischen Reiches ist man außerdem weitgehend auf die Viten der Kaiser Gallienus, Claudius und Aurelianus angewisen. Zu den orientalischen Schriftquellen gehören die Mittelalterliche Weltchronik des Tabari, die Arabischen "Goldwiesen" des Masudi, die Arabische Chronik des Hamza, die Anonyme Arabische Chronik von Seert, die Syrische Weltchronik des Michael, Arabische Legenden und manichäische Texte. An jüdischen Quellen werden das Traktat Terumot des Jerusalemer Talmuds und der rabbinische Genesis-Kommentar verwendet. Da die Schriftquellen nur unzureichend sind, ist man gerade bei der Behandlung des palmyrenischen Reiches insbesondere auf Primärquellen wie Inschriften, Münzen, Papyri und archäologische Forschungen als Ergänzung und kritischem Korrektiv angewisen. Aus ihnen kann man wichtige Angaben zur Dynastenfamilie, Titulatur und Chronologie erarbeiten. Die wichtigste Quellengattung für dieses Themengebiet sind die Inschriften aus Palmyra, die Münzen des Vaballathus und der Zenobia und die Bleibullen des Herodianus und der Zenobia. Diese geben wichtige Aufschlüsse zu Fragen der Titulatur, Chronologie und Herrscherbildnissen.

Die Handelsstadt Palmyra wurde in der ersten Hälfte des ersten Jahrhunderts in das Römische Reich integriert. Zunächst war es eine Provinzstadt unter der Aufsicht eines syrischen Statthalters mit einer Verfassung. Später wurde sie zur *Colonia* durch Kaiser Caracalla. Eine Colonia war ein Gebiet, das im Krieg erobert wurde und oftmals dann als militärischer Vorposten zur Kontrolle und Niederhaltung der besiegten Gegner, die weiterhin im Umland der Colonia siedelten, diente. Caracalla gab allen Palmyrener das Römische Bürgerrecht und änderte die Verfassung damit um. Die Oasenstadt Palmyra besaß eine Sonderrolle in der Provinz Syria; als Handelsstadt brachte sie den Palmyrenern durch den Aufbau einer Handelsinfrastruktur an der Grenze mit ihrem Fernhandel großen Reichtum. Eine besondere Beziehung pflegte sie dabei mit dem parthischen Orient. Um die Sicherheit der Karawanenwege zu gewährleisten organisierten die Palmyrener ein dichtes Sicherheitssystem in der Steppe der Palmyrene mit einer dort eigenständig agierenden Miliz. Für die Römer war diese Organisation eines Sicherheitssystems ein wichtiger Eckpfeiler ihrer Grenzsicherung, allerdings überließen sie den Schutz der Wüstengrenze völlig den Palmyrenern. Das Handelszentrum erstreckte sich von Syrien bis Mesopotamien. Durch den Handel blühte in Palmyra eine eigenständige Kultur auf unter dem Profit vom Zusammenschluss von Stämmen mit unterschiedlicher ethnischer Herkunft. Der Fernhandel ermöglichte aber auch sowohl die Errichtung diverser Prachtbauten in der Oase als auch die Finanzierung des Systems zur Kontrolle der Steppe.

Im ersten Jahrhundert n. Chr. nahm der Einfluss der Römer zu. Zunächst fand eine schrittweise Hellenisierung der orientalischen Gesellschaft Palmyras statt. Im zweiten Jahrhundert verschmolzen die verschiedenen Einflüsse miteinander zu einer spezifischen Kultur, der palmyrenischen Mischkultur (hellenistisch, syrisch-aramäisch und parthisch). Ferner wurde die Verfassung hellenisiert und auch in Kunst und Architektur wurden hellenistische und römische Formen übernommen. Ende des zweiten Jahrhunderts hatte sich das Zentrum Palmyras zu einer hellenistisch syrischen Stadt mit Theater, Kolonnadenstraße und Ehrenbögen entwickelt. Durch die verschiedenen Einflüsse auf die Stadt wurden unterschiedliche Identitäten verbunden wie z.b. das Selbstbewusstsein als Bürger Palmyras mit dem Bewusstsein und Stolz eines cives Romanus. Als im 3. Jahrhundert die Sasaniden aufsteigen, beginnt für die Handelsstadt Palmyra eine schwierige Epoche. Mit ihrer Machtübernahme und dem Beginn der Krisenhaften Situation des Römischen Reiches geriet die Handelsstadt in eine tiefe, innere Krise, die schließlich zum Aufstieg der Frau des Odaenathus führte. Die Krise resultierte aus dem ökonomischen Niedergang Palmyras aufgrund des Rückgangs des Fernhandels, aus der militärischen Bedrohung der Palmyrene durch persische Attacken und aus der verstärkten Unsicherheit an der Wüstengrenze im Zuge der Wanderbewegungen der Nomaden aus dem Inneren Arabiens.

Die Niederlage des Gordianus und die Abwesenheit der Augusti im Osten nach 244 demonstrierten den besorgten Palmyrenern, dass man den Schutz des Gebietes vor Angriffen der Sasaniden und Nomaden sowie den Wiederaufbau eines Sicherheitsnetzes für die Palmyrene selbst organisieren müsse. Daher wählten die Palmyrener nach der Niederlage des Gordianus Septimius Odaenathus zu ihrem Oberhaupt, der mit Organisation des Schutzes der Stadt beauftragt wurde. Die Übergabe dieser Verantwortung an Odaenathus und die Entstehung einer lokalen Dynastie (Verleihung des Titels "Exarchus" an seinen Sohn Harian) fanden bei der römischen Verwaltung der Provinz Syria Phoenice Anerkennung. Als Exarch (Statthalter) erhielt dieser militärische Sondervollmachtungen zur Sicherung der Palmyrene. Die Dynasten, Odaenathus und Harian, regierten Palmyra aufgrund ihrer Macht gleichsam neben den Strukturen der Colonia als Stadtherren. Rom unterstützte ihren Aufstieg durch die Aufnahme in den Senat; damit waren sie faktisch selbstständig agierende Exarchen und wurden somit in die Reichsaristokratie integriert. Odaenathus kommandierte nun die Truppen der Stadt und handelte als senatorischer Vertreter der syrischen Eliten in der Reichsaristokratie.

Die Gefangennahme des Valerianus durch den Sasaniden Shapur und dem zweiten großen Einfall der Perser in den römischen Orient erreichte die Krisensituation im Jahr

260 ihren Höhepunkt. Im Orient brach in zahlreichen Regionen die staatliche Ordnung zusammen. Odaenathus verfügte Dank des Amtes eines Konsuls über ausreichend Autorität, um die Lage im Osten zu stabilisieren. Daraufhin ernannte ihn Gallienus 260/61 zu einem Kaiserstellvertreter im römischen Orient. Odaenathus gelang es zweimal die Perser zu besiegen und die römischen Ostprovinzen zu sichern. In den Erfolgen sahen die Palmyrener ihre Macht über den Osten begründet und Odaenathus erhob sich zum König. Dieser begann eine persönliche Herrschaft in seinem Amtsgebiet aufzubauen, wurde aber letztlich im Jahr 267 Opfer einer Verschwörung. Nachfolger wurde sein unmündiger Sohn Vaballathus, der dieses Amt allerdings unter der Regentschaft seiner Mutter Zenobia antrat. Bis zum Jahr 272 blieb Zenobia die Herrscherin über weite Teile des römischen Orients. Im Jahr 268 wurde Gallienus ermordet, neuer Kaiser wurde Claudius, gegen den Zenobia offensive Politik führte. Zenobia bemühte sich intensiv um die Festigung der Machtstellung Palmyras gegenüber der Zentralregierung in Rom sowie den Sasaniden. Im Jahr 272 erreicht die Geschichte des palmyrenischen Teilreichs ihren Höhepunkt und somit auch ihr Ende. Nachdem Aurelianus, der die Macht der Dynasten im Orient nicht länger tolerieren wollte, im Frühjahr 272 offensiv gegen Palmyra vorging, wurden Zenobia zur Augusta und Vaballathus zum Augustus erhoben. Aurelianus besiegte die östlichen Heere zügig und nahm Zenobia gefangen; so hatte er mit der Gefangennahme Zenobias und durch das Niederschlagen des Aufstands einer Gruppe führender palmyrenischer Bürger im Jahr 273 die Orientprovinzen vollständig unter seine Kontrolle gebracht. Aurelianus stellte nach seinen Siegen gegen die Germanen eine Wiedervereinigung des Reiches her und konnte als restitutor orbis in Rom einziehen. Im Jahr 275 wurde er ermordet, Zenobia lebte noch ein einige Jahre in einer Villa bei Rom. Palmyra wurde mit der Zeit bedeutungslos.

V. Kritik

Das Ziel, das der Autor in seinem Buch verfolgt, die historische Rolle des Teilreichs im Kontext der Krise des dritten Jahrhunderts auszuwerten, setzt er gut um. Er beleuchtet das palmyrenische Teilreich in zwölf großen Kapiteln mit mehreren Unterkapiteln, die wiederum in Unterkapitel unterteilt sind, und entwickelt eine sehr ausgereifte Gesamtdarstellung der Geschichte dieses Teilreichs. Zu Beginn eines jeden Kapitels führt Udo Hartmann eine kurze Einleitung an, die den Inhalt des vorangegangenen Kapitels zusammengefasst wiedergibt. Im Mittelteil eines Kapitels behandelt der Autor die ihm zur Verfügung stehenden Quellen und analysiert diese mit dem Leser zusammen. Die dort wissenschaftlich erarbeiteten Ergebnisse werden am Ende eines jeden Kapitels noch einmal knapp dargestellt. Hier ist ein negativer Kritikpunkt zu benennen; nämlich, dass der Autor zwar die (Primär-)Quellen analysiert, aber es für den Leser sehr schwer ist, sich zum Beispiel Inschriften, Münzen oder Papyri allein durch Worte bildlich vorzustellen. Es sind zwar vereinzelte Quellen im Anhang des Buches abgebildet, aber es ist nicht ausreichend. Im Allgemeinen ist das Buch sehr strukturiert und übersichtlich geschrieben, aber es wird durch die vielen Unterkapitel wieder etwas unübersichtlich. Dem Schreibstil des Autors kann der Leser gut folgen, allerdings ist hier seine Neigung zur Gedankensprunghaftigkeit zu kritisieren, was dem Leser das Gesamtverständnis erschwert. Seine Argumentationsform ist im Grundsatz aufeinander aufbauend und schlüssig, aber leider auch sehr verschachtelt und komplex.

Schließlich wird das palmyrenische Teilreich dem Leser durch dieses Buch verständlich präsentiert, sodass er nach Lesen des Buches die vollständige Geschichte und auch die historische Rolle des Teilreichs im Zusammenhang mit der Krise des dritten Jahrhunderts verinnerlicht hat. Bemerkenswert wäre hier noch, dass der Autor am Ende seines Buches auf die Bedeutung der Zenobia und ihrem Reich in der Neuzeit eingeht, was dem Leser den Bezug des Buches zu heute ermöglicht; ferner werden zwei Schaubilder der Stadt Palmyra angeführt und vereinzelt Münzbeispiele geboten, die dem Leser ein wenig, leider nur in geringem Maße, die Vorstellungskraft erweitern. Insgesamt ist dieses Buch für einen Überblick über das palmyrenische Teilreich trotz ein paar negativ angemerkter Kritikpunkte sehr zu empfehlen.